Couvertures supérieure et inférieure
manquantes

HISTOIRE

DE

NOTRE-DAME DE LIESSE

A SAINT-JOSEPH

Chez POTTELAIN-MASSON, Marchand

A Notre-Dame de Liesse (Aisne)

STÉNOGRAPHIE DUPLOYÉ

ÉCRITURE PLUS FACILE, PLUS RAPIDE & PLUS LISIBLE QUE TOUTE AUTRE

S'APPLIQUANT A TOUTES LES LANGUES

S'apprend sans maître en deux heures

UN BEAU VOLUME IN-8º. — ONZIÈME ÉDITION

Franco : 3 francs

La STÉNOGRAPHIE DUPLOYÉ a déjà fait paraître 200 volumes imprimés en sténographie ; elle publie actuellement 40 journaux imprimés, eux aussi, en sténographie.

Elle est employée dans un très grand nombre d'écoles primaires, où elle facilite d'une manière merveilleuse l'acquisition de l'orthographe.

Dans toutes les expositions où elle a figuré, elle a toujours remporté les premières récompenses. Ainsi, à l'Exposition universelle et internationale de Paris (1878), elle a obtenu la SEULE MÉDAILLE D'OR qui ait été décernée à la sténographie.

HISTOIRE

DE

N.-D. DE LIESSE

Par les Frères DUPLOYÉ

—

(PROPRIÉTÉ)

CHEZ POTTELAIN-MASSON, MARCHAND

MAISON SAINT-JOSEPH

A Notre-Dame-de-Liesse (Aisne)

PIEUX PÈLERIN

Nous avons raconté, en deux volumes in-8°, ilustrés de nombreuses gravures, l'*Histoire de Notre-Dame de Liesse*, ses innombrables miracles, les pèlerinages si beaux et si nombreux qui ont été faits à son auguste sanctuaire. Cette grande *Histoire de Notre-Dame de Liesse*, nous l'envoyons franco, à domicile, à tous ceux qui adressent 11 francs, en mandat ou timbres-poste, à M. Duployé, rue N.-D. de Nazareth, 12, à Paris.

Accueillie avec grande faveur, notre *Histoire* a été louée et recommandée par une multitude de personnes distinguées, entre autres par S. Em. le cardinal-archevêque de Besançon, par LL. GG. NN. SS. les évêques de Soissons et de Beauvais, et nous pouvons le dire, sans qu'on puisse nous accuser d'exagération, notre *Histoire de Notre-Dame de Liesse* renferme incomparablement plus de faits et de détails que toutes celles qui ont été publiées jusqu'à ce jour. C'est vraiment la seule histoire qui donne une idée aussi complète que possible de ce célèbre pèlerinage.

Pour les personnes qui ne pourraient se la procurer, nous en avons composé une autre, également avec gravures, du prix de 1 fr. franco. Et enfin, voulant que tous, sans exception, puissent connaître d'une manière satisfaisante combien Notre-Dame de Liesse mérite d'être aimée et honorée, nous avons publié plusieurs petits livres semblables à celui-ci, et ne coûtant chacun que 15 centimes franco.

En voici les titres :

Guide du pèlerin de Notre-Dame de Liesse et *Notice sur le Château de Marchais*. Description de l'église, du trésor, etc.

Manuel du pieux pèlerin de Notre-Dame de Liesse. Office de Notre-Dame de Liesse. Cantiques, etc.

Miracles de Notre-Dame de Liesse.

Tous ces volumes sont envoyés franco sans augmentation de prix.

Adresser les demandes à M. Pottelain-Masson, Maison Saint-Joseph, à Notre-Dame de Liesse (Aisne).

HISTOIRE

DE

NOTRE-DAME DE LIESSE

———

La Palestine, cette terre sanctifiée par la vie, les souffrances et la mort de N.-S. JÉSUS-CHRIST, était au pouvoir des musulmans, ennemis du nom chrétien. Aussi les pèlerins, qui allaient la visiter, étaient exposés à mille vexations, mille périls. Témoin et victime de toutes ces difficultés, un Français, un Picard, Pierre l'Hermite, vint les raconter aux peuples de l'Occident, et leur cria : « O nations de l'Europe, peuples chrétiens, Dieu veut que vous délivriez la Palestine du joug des infidèles. »

L'Europe chrétienne toute entière tressaillit à la voix de l'Hermite, et répéta : Dieu le veut ! Dieu le veut ! Et les peuples se précipitèrent pleins de foi et de courage vers l'Orient, et ils chassèrent les musulmans de Jérusalem, la ville sainte, et ils conquirent presque toutes les villes de la Palestine.

Cependant les musulmans avaient conservé plusieurs places importantes, entre autres celles d'Ascalon. Pour l'empêcher de tomber entre les mains des chrétiens, ils l'avaient entourée de formidables fortifications, et, de ce repaire inexpugnable, ils faisaient sans cesse des sorties, des excursions pour dévaster le pays et dévaliser les pèlerins.

Le quatrième roi chrétien de Jérusalem, Foulques d'Anjou, voulut mettre un terme à ce brigandage : il fit rebâtir, en face d'Ascalon, l'ancienne ville de Bersabée, et en confia la garde aux chevaliers de Saint-Jean-de-Jérusalem, moines-soldats qui avaient consacré leur vie à la prière et à la protection des pèlerins de Terre-Sainte (1133).

Or, parmi ces chevaliers, étaient trois frères de la noble maison d'Eppes, près Laon. L'aîné portait le titre de seigneur d'Eppes, le second celui de seigneur de Marchais ; la tradition appelle le troisième seigneur de Coucy.

Chaque jour, les chrétiens étaient aux prises avec les musulmans, et chaque jour les trois frères se faisaient remarquer par des prodiges de valeur.

Ne pouvant vaincre par la force et le courage, les musulmans ont recours à la ruse : ils dressent une embuscade ; les chrétiens, entraînés par leur ardeur, s'y précipitent ; leur petite troupe est entourée d'ennemis innombrables ; ils luttent, et les trois frères sont faits prisonniers.

LA STATUE MIRACULEUSE

Quand on se trouve à Notre Dame de Liesse, il n'est pas difficile de se procurer tous les objets de piété que l'on peut désirer ; il suffit d'aller chez M. Pottelain-Masson, Maison Saint-Joseph.

Mais lorsqu'on est de retour dans ses foyers, où lorsque, voulant un objet de piété, on ne peut entreprendre le voyage de Notre-Dame de Liesse, comment faire ?

Rien de plus facile. On adresse une lettre à M. Pottelain-Masson, Maison Saint-Joseph, à Notre-Dame de Liesse (Aisne) ; on indique d'une manière précise, ou même d'une manière approximative, l'objet qu'on désire : livre, chapelet, bague, boucles d'oreilles, etc., etc.; on met dans la lettre, en timbres-poste, à peu près le prix de l'objet demandé, et immédiatement on reçoit franco, à domicile, et sans aucun dérangement, ce que l'on a désigné.

Ainsi, plus aucun embarras, lorsqu'au moment d'une première communion, on voudra se procurer un beau livre, un chapelet, un collier, des images, des médailles, etc.; plus aucun embarras lorsqu'au jour d'une fête ou dans tout autre circonstance ou voudra faire un gentil cadeau. Ecrivez à M. Pottelain-Masson, Maison Saint-Joseph, à Notre-Dame de Liesse (Aisne) ; mettez en timbres-poste, dans la lettre, le prix de l'objet. Si vous n'en connaissez pas au juste le prix, mettez quelques timbres-poste en plus, et, s'il y en a trop, il vous seront retournés avec l'envoi, ou bien on y ajoutera quelques images.

Dans ce livre est la liste d'une partie des objets qu'on peut ainsi demander. Quand même on désirerait des objets dont le nom n'y figurerait pas, on peut toujours en faire la demande, car cette liste est très incomplète et ne renferme qu'un petit aperçu de ce que l'on peut se procurer chez M. Pottelain-Masson, Maison Saint-Joseph.

Fondée il y a seulement quelques années, la Maison Saint-Joseph, à Notre-Dame de Liesse (Aisne), a vu de suite une clientèle nombreuse, composée des éléments les plus honorables, la choisir de préférence à toute autre.

Ce qui lui a valu ce succès, ce qui l'a accru, ce qui l'accroîtra chaque jour, c'est :

Un assortiment considérable de belles marchandises ;

La loyauté la plus scrupuleuse dans toutes les transactions ;

Un bon marché extraordinaire.

La *Maison Saint-Joseph* fournit et répare tout ce qui est compris sous le nom de bijouterie ; elle fait les achats d'or et d'argent.

Vite on les conduit en triomphe au Grand-Caire, on les présente au Soudan.

Leur réputation les avait précédés : aussi lorsque le Soudan vit devant lui ces trois nobles chevaliers, il fut pris d'un ardent désir de les gagner à sa religion, pour ensuite les mettre à la tête de ses troupes.

Dissimulant ses desseins, il leur parle d'abord rudement, les menace des supplices les plus cruels, de la mort.

— Je vous ferai périr dans les tourments, dit-il, si vous ne renoncez à votre religion ; mais si vous embrassez celle de Mahomet, je vous comblerai d'honneurs et de richesses.

— Pour JÉSUS-CHRIST, notre seigneur et maître, nous avons abandonné notre patrie, laissé en France une mère inconsolable ; pour LUI, chaque jour, nous avons exposé avec bonheur notre vie sur le champ de bataille ; et nous le trahirions, LUI, notre Dieu, pour embrasser la religion absurde d'un indigne imposteur ?

Le Soudan écumait de rage. Il fait traîner les chevaliers en prison ; il les fait charger de chaînes, accabler de mauvais traitements. Mais, malgré sa fureur, il ne peut s'empêcher d'admirer cette noble intrépidité et fermeté ; son désir de les gagner à sa religion n'en devient que plus ardent.

Il fait venir les docteurs les plus renommés ; il leur ordonne de prouver aux chevaliers qu'ils doivent renier JÉSUS-CHRIST pour embrasser la religion de Mahomet. Mais que peut l'erreur contre la vérité ? Les docteurs sont confondus ; ils ne savent que répondre aux arguments des chevaliers ; ils se retirent la honte sur le front. Le Soudan les fait chasser de sa présence. Et cependant son esprit cherche quels nouveaux moyens il pourra employer pour triompher de cette généreuse résistance, car les échecs ne font qu'enflammer son désir d'avoir enfin raison de ces fiers chrétiens.

Le Soudan avait une fil'e, que nous appellerons de suite Ismérie, quoique ce nom ne lui ait été donné que plus tard, comme nous le verrons. Aux charmes d'une beauté imcomparable, elle joignait ceux d'une instruction solide et variée.

Ce qu'il n'avait pu par ses menaces et ses promesses, ce devant quoi avaient échoué les marabouts avec toute leur science, le Soudan espère que sa fille l'obtiendra, grâce à ses charmes, grâce à son esprit. Il l'appelle, lui confie l'ardent désir qui le tourmente de gagner les chevaliers à sa religion.

— Je ne compte plus que sur toi, ô ma fille bien-aimée ; c'est en toi seule que je mets tout mon espoir.

Ismérie, fière de la confiance de son père, se rend à la prison. Quel ne fut pas l'étonnement des chevaliers lorsqu'au lieu de leur ignoble geôlier ils virent entrer la fille du Soudan. Ils ne savaient comment lui témoigner leur surprise.

— Nobles chevaliers, dit Ismérie, c'est pour vous sauver que je viens. Mon père, hélas ! est résolu à vous faire mourir si vous persévérez à ne pas vouloir

LE TRANSPORT MIRACULEUX

Objets que le pèlerin de Notre-Dame de Liesse doit se procurer, de préférence à tout autres, chez M. Pottelain-Masson, Maison Saint-Joseph, à Notre-Dame de Liesse (Aisne).

HISTOIRE

DE

NOTRE-DAME DE LIESSE

Par les Frères DUPLOYÉ

Cette histoire, illustrée de belles et nombreuses gravures, a été louée et recommandée par S. Em. le cardinal-archevêque de Besançon, par LL. GG. NN. SS. les évêques de Soissons et de Beauvais ; par plusieurs journaux et revues.

2 beaux volumes in-8° 11 fr. ; ou bien un beau volume in-12, 1 fr. ou bien un volume in-18, 15 centimes.

Médaille de Notre-Dame de Liesse, de saint Joseph, de l'Immaculée Conception, etc., etc. Prix, en argent : 10, 20, 30, 40 et 50 c. En or : 1,50, 2,50, 3,50, 5, 6 et 10 fr.

Images de Notre-Dame de Liesse avec jolie dentelle et prière avec indulgence, aux prix de.................................. » 10

Photographie de l'église, grand format.................... » 75
   —   du château de Marchais.................... » 75
   —   de l'hémicycle.................... » 75

Le Guide du pèlerin à Notre-Dame de Liesse et notice sur le château de Marchais, Description de l'église, de la Fontaine, du trésor, des tableaux, des vitraux, de dons et ex-voto, etc.................... » 15

Le Manuel du pieux pèlerin de Notre-Dame de Liesse. Office de Notre-Dame de Liesse, prières, cantiques, etc. » 15

Les miracles de Notre-Dame de Liesse.................... » 15

Histoire de Notre-Dame de Paix, de Ficulaine (Aisne). » 15

Manuel des Congrégations de la Sainte-Vierge,... » 25

Tous ces volumes sont envoyés franco sans augmentation de prix. Adresser directement les demandes à M. Pottelain-Masson, Maison Saint-Joseph, à Notre-Dame de Liesse (Aisne).

embrasser notre religion. Et, cependant, elle est de beaucoup préférable à la vôtre ; dans ce monde, elle vous procurera honneurs, plaisirs, richesses ; c'est mon père lui-même qui vous en comblera ; et, plus tard, Mahomet vous accordera la continuation des mêmes biens.

Il ne fut pas difficile aux chevaliers de faire comprendre à la princesse combien la religion de Mahomet est absurde.

Ils commencèrent même à lui exposer ce qu'était cette religion chrétienne qu'elle voulait leur faire abandonner ; et leurs paroles, inspirées par Dieu, pénétraient profondément dans l'âme de la princesse et y jetaient un trouble inconnu qui lui faisait désirer de connaître encore plus cette religion dont elle entendait parler si bien pour la première fois. Elle se retire, va trouver son père, et lui laisse espérer que peut-être, à force d'instances, elle triomphera de l'obstination des chevaliers. Cependant elle profite de tous les moments dont elle peut disposer pour se rendre à la prison et faire discourir les chevaliers sur leur religion.

En exposant à Ismérie les principes de notre foi, les trois frères avaient parlé de l'auguste Vierge Marie ; ils en avaient parlé avec l'enthousiasme d'âmes profondément dévouées à son culte, et Ismérie s'était involontairement éprise d'amour pour cette incomparable Vierge, et sans cesse elle demandait aux chevaliers de nouveaux détails sur cette femme ainsi bénie et exaltée au-dessus de toutes les femmes ; et les pieux chevaliers se répandaient en louanges magnifiques sur la puissance et la bonté de celle que Dieu a choisie pour sa mère, qu'il a établie reine des anges et des hommes.

Les descriptions les plus belles ne suffirent bientôt plus au désir ardent qu'avait Ismérie de connaître cette divine vierge.

— Chevaliers, leur dit-elle un jour, est-ce que vous ne pourriez pas me faire une image de la mère de votre Dieu? Oh! si vous pouviez me montrer son portrait, malgré les ordres de mon père, je vous ferais traiter avec douceur, peut-être même parviendrais-je à vous faciliter le moyen de retourner dans votre patrie.

— Mais, princesse, répond l'aîné des trois frères, nous n'avons ni bois, ni outils; comment essayer de vous faire une statue?

— Qu'à cela ne tienne, dit Ismérie.

Et vite elle court chercher un morceau de bois et des outils de sculpteur.

A peine la princesse est-elle sortie, que les trois frères se regardent indécis, incertains. Leurs mains savaient manier l'épée et la masse d'armes, mais des outils de sculpteur, jamais ils n'en avaient essayé. Dans leur embarras, ils ont recours à Dieu, lui adressant de ferventes prières, et puis essayent d'ébaucher une statue. C'est en vain : ils écorchent le bois, mais n'en font pas sortir de représentation de l'auguste Vierge. La nuit les surprend dans leurs vaines tentatives; fatigués, découragés, tous trois se met-

APPESANTISSEMENT DE LA STATUE

Chapelets pour première communion :

— grains porcelaine blanche tout montés sur argenté ; la douzaine à.............. 1 80, 2 70 et 3 60

— grains façon ivoire, tout montés sur argenté, Christ en relief ; la douzaine à.. 4 20, 4 80 et 5 40

— grains perles nacrées, tout montés sur argenté, Christ en relief ; la douzaine à............ 10 et 12 »

Chapelets montés sur fil en argent, croix et cœur argent, perles nacrées blanches ; la pièce............................. 4 50

Chapelets riches, montés sur argent, nacre, ivoire, cristal de roche, etc.

Colliers blancs pour premières communiantes : la pièce.............................. 1 25, 1 50, 2 et 3 »

Paroissiens pour première communion :

— Soie moirée blanche, encadrement jonc, un fermoir ; l'exemplaire............................. 5 »

— Couverts et dos en ivoire, gardes moirées, un fermoir ; l'exemplaire............................. 9 »

— Couverts et dos en ivoire, croix, gardes moirées, un fermoir ; l'exemplaire,..................... 12 »

—

OBJETS DIVERS

Paroissiens avec initiales, emblèmes, couronnes, écussons, etc.

Souvenir de premiè e communion pour jeunes gens et jeunes filles : belles gravures lithographiées; le cent, 11, 18, 22, 26, 30 »

Médailles pour les congrégations d'enfants de Marie ; grand format, argentées, le cent, 11 fr.; en argent, la pièce...... 3 25

Médailles commémoratives en bronze à... 2 25, 3 50 et 6 »

Scapulaires en feuilles, imprimés sur calicot ; la feuille 40 et 50 c.

— tout confectionnés, sur drap neuf, rouges, bleus, marrons ou noirs; cordons, tresse en laine, piqués mécanique ; la douzaine.................. 4 75

Pour recevoir ces objets *franco à domicile*, il suffit d'en adresser le prix, en mandat ou timbres-poste, à M. Pottelain-Masson, Maison Saint-Joseph, à Notre-Dame de Liesse (Aisne).

tent à genoux; ils conjurent ardemment la divine Marie, pour l'honneur de laquelle ils ont accepté, sans réflexion, un travail au-dessus de leur capacité, de vouloir bien leur venir en aide; et enfin ils s'endorment, l'esprit agité de ces préoccupations.

Quel réveil! Au milieu de la nuit, leur obscure prison s'illumine de clartés célestes; une odeur suave l'embaume; des chants délicieux retentissent. C'était Marie qui, touchée de leurs efforts et de leur zèle, leur envoyait, portée par les anges, une statue ravissante. Tout hors d'eux-mêmes, les chevaliers se prosternent devant la sainte image; ils remercient Marie avec effusion; ils passent le reste de la nuit en cantiques de joie, en chants d'allégresse et de reconnaissance.

Le matin, Ismérie, impatiente de voir la statue que lui ont promise les chevaliers, accourt à la prison, en ouvre les portes.

— O chevaliers! s'écrie-t-elle, d'où vient cette lumière? d'où sort cette odeur suave? comment avez-vous pu faire une si belle statue? Et, ce disant, elle contemplait l'image, toute rayonnante de gloire et de beauté, et la grâce divine, agitant son cœur des plus douces émotions, l'illuminait de clartés éblouissantes. Elle tombe à genoux devant la statue : » O sainte image, que vous êtes belle! O Marie, je vous aime; je vous crois vraiment mère de mon Dieu. » — Mais, chevaliers, comment avez-vous pu faire, en si peu de temps, une image si belle?

— Noble princesse, répond l'aîné, ce n'est pas nous

qui avons taillé cette statue : voyez plutôt le morceau de bois que vous avez apporté. C'est Marie elle-même, notre aimable et toute bonne souveraine, qui a daigné nous envoyer son portrait par la main des anges.

— Comment en douter? répond Ismérie ; aucun homme ne pourrait faire pareille image. Et, pressée par la grâce, elle ajoute : — Nobles chevaliers, je vous en prie, donnez-moi cette divine image, et je vous promets de me faire baptiser et de vivre toujours en chrétienne.

Lss chevaliers se jettent à genoux pour remercier Marie de cette nouvelle grâce, objet de leurs plus ardents désirs. « Princesse, répondent-ils, cette statue miraculeuse, nous y tenons plus qu'à notre vie ; mais c'est pour vous que nous l'avons demandée, pour vous que nous l'avons obtenue ; comment vous la refuser ? Et vous, ô si gracieuse représentation de notre divine mère, vous qui êtes venue, dans nos peines et dans nos souffrances, nous apporter joie et consolation, oh ! nous vous donnons le nom de Notre-Dame-de-Liesse, certains que vous voudrez continuer à être toujours, pour nous et cette noble princesse, dame de joie et de bonheur. »

Ismérie avait emporté chez elle précieusement la sainte image ; elle l'avait placée sur de riches tapis ; elle avait passé devant elle, en prières ferventes, la journée toute entière. La nuit, pendant son sommeil, la sainte Vierge lui apparut : « Ma fille, dit-elle, aie confiance ; je veille sur toi. Mon divin Fils a daigné te choisir pour l'une de ses épouses bien-aimées. Tu

LE BAPTÊME D'ISMÉRIE

Pour recevoir ces objets *franco à domicile*, il suffit d'en adresser le prix, en mandat ou timbres-poste, à M. Pottelain-Masson, Maison Saint-Joseph, à Notre-Dame de Liesse (Aisne).

Quand le désir lui en est manifesté, la Maison Saint-Joseph fait toucher les objets demandés à la statue miraculeuse de Notre-Dame de Liesse ; elle fait brigiter les chapelets, indulgencier ou bénir les croix, médailles, etc.

Elle prend à sa charge les frais des démarches nécessaires et ne les fait jamais payer.

BIJOUTERIE, CHAPELETS, etc.

Chapelets bois, tout montés, croix et cœur ; la douzaine.... 1 »
— façon coco — — 2 40, 2 60, 3 »
— coco — — 3, 4, 5 »
— coco sur fil en argent, croix et cœur en argent ; la pièce........................ 2 75, 4 50, 5 50
— en ivoire, corail, ambre, nacre, grenat, cristal de roche, onyx, malachite, jaspe, aventurine, lapis-lazuli, etc.; montés ou non montés, aux prix les plus justes.

FOURNITURES POUR MONTER LES CHAPELETS

Chapelets sur fil pour être montés ; désigner la matière :
Fil d'acier l'hecto................................ » 40
Fil trait argenté, première qualité ; l'hecto.............. 1 75
Fil d'argent bruni aux rubis ; le gramme................ 25
Pinces acier pour monter les chapelets.................. 1 »
Croix et cœurs pour chapelets ; la douzaine.............. 60

Chapelets de l'Immaculée Conception, montés sur argenté ; la douzaine................................ 1 50
— de l'Immaculée Conception, belles perles nacrées, montés sur argenté ; la douzaine.............. 3 50

Chapelets du Sacré Cœur, de Notre-Dame des sept douleurs, de saint-Joseph, des saints Anges. Rosaire ; prix suivant les grains et la monture.

Médailles argentées. Assortiment complet ayant rapport à toutes les dévotions ; le cent.............. 60, 75, et 1 »
Articles recommandés, le cent.............. 1, 1 50, 2 25, et 3 50

Christs en relief sur croix argentées, la douzaine, 35, 40, 45 et 60 »
— en cuivre fondu, sur croix ébène, garnie de cuivre ; la douzaine.............. 2, 2 25, 2 60, 3 25, 4 50
la pièce.............. 70, 85, 1 15, 1 40, 1 65, 2 25

délivreras de prison mes trois dévots chevaliers ; tu seras baptisée et honorée de mon nom ; par toi, la France sera enrichie d'un trésor inestimable et de grâces innombrables ; par toi, le nom que m'ont donné mes dévots chevaliers deviendra célèbre par toute la terre, et enfin, je t'admettrai près de moi, pour toujours, au ciel. »

Le lendemain, Ismérie rassemble secrètement ses joyaux les plus précieux. La nuit venue, elle prend avec elle la sainte image, se rend à la prison. Les portes s'ouvrent d'elles-mêmes. Les chevaliers dormaient paisiblement ; elle les éveille, leur dit en quelques mots ses projets, les promesses de la Sainte Vierge. Ils se mettent en marche ; passent au milieu des gardes sans être aperçus, traversent la ville du Caire sans être remarqués, Les portes de la ville étaient ouvertes comme l'avaient été celles de la prison ; ils se hâtent et arrivent bientôt sur un des grands bras du Nil. Comment le passer ? Marie y avait pourvu : une barque s'avance dirigée par un jeune homme à la figure noble et gracieuse ; en un instant, il les a déposés sur l'autre rive, et lui et la barque disparaissent soudain.

Les chevaliers et la princesse poursuivent leur marche précipitée ; mais enfin Ismérie est épuisée de fatigue ; elle demande aux chevaliers de vouloir bien la laisser reposer un instant. Ils s'écartent du chemin battu, se mettent à l'abri des recherches derrière quelques buissons, et les chevaliers, s'éloignant un peu, veillent sur la princesse. Mais, enfin, eux aussi succombent à la fatigue et au sommeil.

Ismérie se réveille la première. « Chevaliers, s'écrie-t-elle, où sommes-nous? Quel ciel étrange, quels arbres inconnus! Ma vision se serait-elle réalisée? Serions-nous en France? »

Les chevaliers, aussi surpris que la princesse, regardaient sans répondre. Ils entendent des sons de chalumeau. C'était un pâtre qui était à quelque distance. Ils courent vers lui; la princesse les suit, oubliant, dans sa précipitation, la sainte image.

A la vue du costume des chevaliers, le berger voulait fuir. Des signes amis le retiennent. « En quel lieu sommes-nous? demandent les chevaliers; » et ils parlaient encore la langue des Turcs, se croyant en Égypte.

— Seigneurs, parlez français, si vous voulez que je vous entende, riposte le berger.

— Nous sommes donc en France? s'écrient les chevaliers.

— Certainement.

Mais dans quelle province? dans quel diocèse?

— En Picardie, messeigneurs, dans le diocèse de Laon, en Laonnois, et tout près de Marchais.

— Est-ce donc possible?

— Oui, seigneurs; je suis de ce pays.

Les chevaliers tombent à genoux; leur cœur se confond en actions de grâces, en transports d'allégresse.

Ils se relèvent et, dans l'ivresse de leur bonheur, ils

STATUE DE NOTRE-DAME DE LIESSE

Pour recevoir ces objets *franco à domicile*, il suffit d'en adresser le prix, en mandat ou timbres-poste, à M. Pottelain-Masson, Maison Saint-Joseph, à Notre-Dame de Liesse (Aisne).

Quand l'argent envoyé dépasse la valeur des objets demandés, on compense la différence en ajoutant des images à l'envoi.

ARTICLES SPÉCIAUX POUR MM. LES ECCLÉSIASTIQUES

Rabats en gaze, la douzaine.. 3 40
   — en lasting, grains dessus ; la pièce........................ 1 40
   — en soie, grains dessus.. 1 60
   — en soie, quatre rangs de perles, deux côtés.......... 1 35
   — en orléans, deux rangs de perles.......................... » 65
Calottes en drap noir.............................. 1 35 et 1 60
   — en soie.. 2 60
   — en velours.. 3 35
Barrettes en drap noir.............................. 3 et 4 40
Cordons d'aubes à glands.. 2 25
Ceintures grain d'orge............................ 5 75 et 6 75
   — cachemire.. 7 25 et 8 »
Ceinturons grain d'orge............................ 2 75 et 4 »
   — cachemire.. 4 et 5 25
Franges en laine, pour ceintures................................ 1 25
   — en soie, pour ceintures.. 3 20
Boutons pour soutanes, les cent quarante-quatre............ 1 10
Encens, la boîte à.............................. 2, 3 et 4 »
Horæ diurnæ breviarii romani, avec les offices propres au
   diocèse, bonne relieure basanne.............................. 3 25
   Chagrin tranche or.............................. 4 80 et 5 80
   Premier choix.............................. 6 30 et 7 30
La Maison Saint-Joseph fournit aussi tous les *Missels, Bréviaires, Rituels*, offices notés et autres livres liturgiques qui lui sont demandés ; brochés ou avec reliure simple ou riche.

Pains d'autel, petits, le cent................................ 30
   — grands, le cent................................ 1 20
On peut s'abonner pour recevoir franco, par la poste, à époques fixes et très régulièrement un nombre déterminé de pains d'autel.

Veilleuses du sanctuaire, brûlant 240 heures sans avoir besoin
   d'y toucher ; la boîte.............................. 3 »
Canons d'autels en feuilles, sur carton ou encadrés (fixer le prix).

Les Canons d'autels ne pouvant, à cause de leur trop grande dimension, être envoyés par la poste, sont expédiés franco par le chemin de fer, jusqu'à la gare la plus rapprochée du destinataire.

Boucles à souliers en maillechort, la paire.............. 3 75
   — en argent, la paire.............. 10 75
Vase pour la veilleuse du sanctuaire, prix, non franco........ 1 25
Chapeau-paravent pour veilleuses.............................. 1 75
Le prix des objets achetés à la maison même subit la réduction des frais d'affranchissement.

partent vers le château de Marchais, oubliant la sainte image.

Ismérie s'aperçoit bien vite qu'elle n'a plus entre les bras son cher trésor. Elle conjure les chevaliers de retourner avec elle à l'endroit de leur réveil. C'était près d'un arbre et sur le bord d'une fontaine ; et la fontaine avait gonflé ses eaux ; elle avait baigné le bas de la statue ; elle en avait tiré cette vertu miraculeuse, cause et source de tant de prodiges et de tant de grâces. Ils se remettent en marche et projettent de bâtir, près de cette fontaine, une chapelle en l'honneur de Marie.

Dans le trajet de la fontaine au château de Marchais, se rencontrait un enclos. A peine y étaient-ils entrés et étaient-ils parvenus près d'un arbre gigantesque, que la statue, portée par Ismérie, devient tellement pesante que la princesse est obligée de la déposer à terre. Les chevaliers veulent la reprendre. Impossible ! La petite statue est devenue un roc inébranlable, qui résiste à tous leurs efforts. Ils étaient tristes. Une pensée soudaine traverse leur esprit. « Notre-Dame de Liesse, disent-ils, laissez-vous porter de nouveau, et, nous en faisons le vœu, ici même nous bâtirons une chapelle en votre honneur. » Et la statue était redevenue tout aussi facile à porter qu'auparavant.

Cependant, les chevaliers craignent que leur arrivée, brusquement annoncée à leur mère, ne lui donne une commotion trop forte. Ils envoient en avant le berger et le plus jeune d'entre eux. Le berger de-

-vait laisser pressentir leur arrivée; le plus jeune paraîtrait ensuite, et, enfin, les deux autres frères et la princesse.

Qui dira les transports de joie de la mère des chevaliers? Elle accourt malgré sa vieillesse; elle embrasse ses chers enfants et la princesse; elle remercie Notre Dame de Liesse de tant de joie et de bonheur.

Ismérie brûlait du désir d'être baptisée; tout retard pesait à sa pieuse impatience. Les chevaliers la conduisent à Laon, dont l'illustre Barthélemy de Vir était alors évêque. La mère des chevaliers servit de marraine, l'aîné des trois frères de parrain. C'est alors que la fille du Soudan prit le nom d'Ismérie, traduction en langue turque du nom de Marie. Le souvenir de la pieuse princesse a fait et fait encore adopter par de nombreuses jeunes filles, en Picardie et dans le reste de la France, ce doux nom d'Ismérie. Barthélemy lui conféra en même temps le sacrement de confirmation et reçut ses vœux de virginité perpétuelle.

Barthélemy désirait ardemment voir la statue miraculeuse dont Dieu s'était servi pour accomplir tant de prodiges. Il vient à Marchais. Quelle ne fut pas la surprise et la douleur de la princesse et des chevaliers! La statue n'était plus dans l'appartement où ils lui avaient dressé un autel provisoire. Elle était retournée à la place où elle s'était appesantie une première fois, près de l'arbre de l'enclos. Ne la croyant pas en sû-

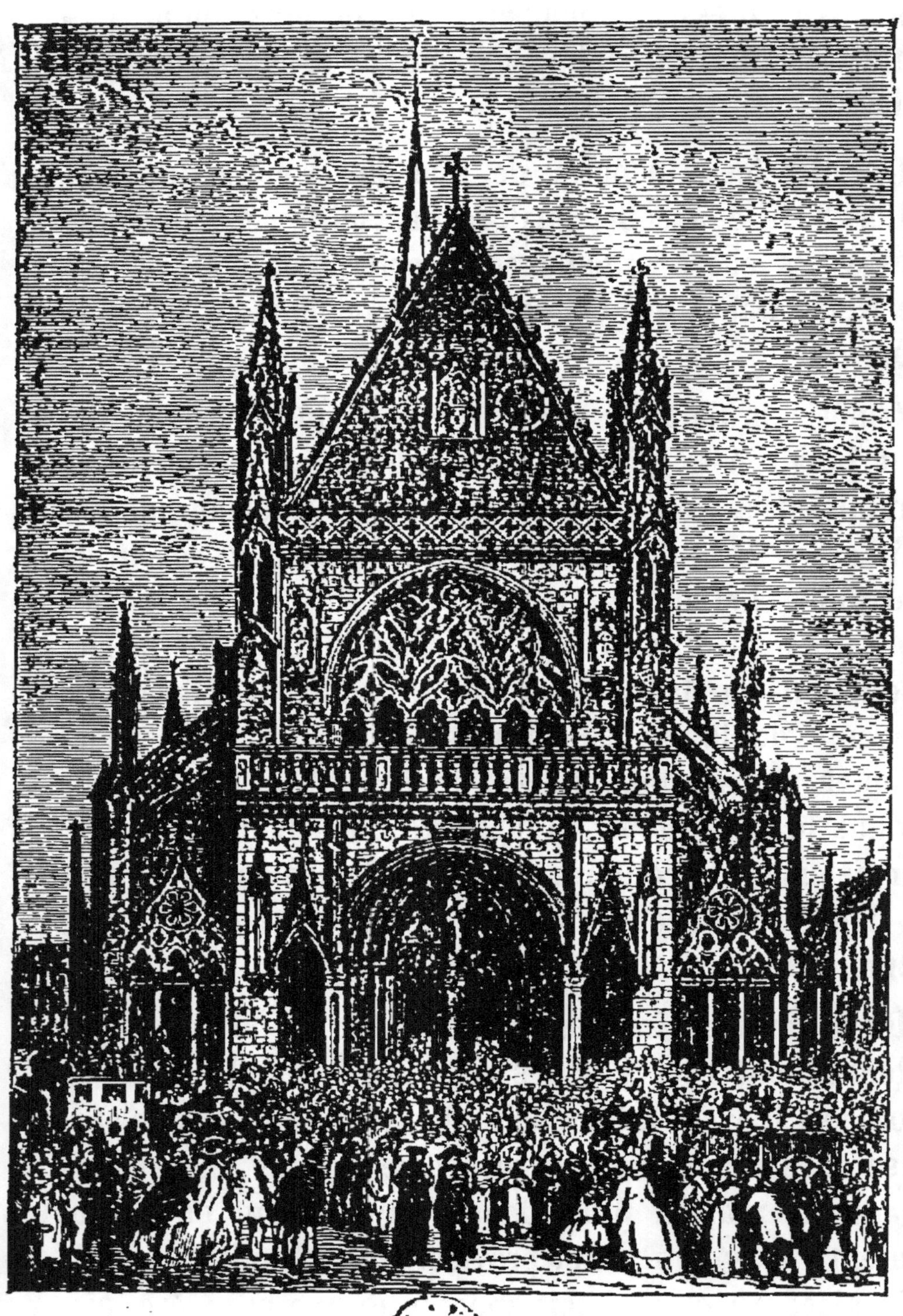

ÉGLISE DE NOTRE-DAME DE LIESSE

IMAGERIE (court aperçu).

Images-dentelles avec prières, sujets très-variés, la douzaine de 13/12, 0 f. 25, 45, 60, 75, 1 10, 1 50, 1 60, 2 25, et — 3 50

Images-dentelles, sujets choisis dans les collections Letaille, Dopter, Turgis, Alcan, Schulgen (éditeur allemand) Bouasse et Cⁱᵉ. la douzaine de 13/12...................... 2 40

Images-dentelles, sujets à surprises pliées ou réunion de plusieurs images qui se déploient successivement et forment un tout complet. Exemple : *Allez à saint Joseph*. 1ᵉʳ image, saint Joseph vous conduira à Marie ; 2ᵉ image, Marie vous conduira à Jésus ; 3ᵉ image, Jesus, Marie Joseph vous conduiront au ciel ; la douzaine de 13/12.................. 6 25

Images-dentelles, Notre-Dame de Liesse, prière avec indulgence... 1 10

Portrait authentique de M. Vianney, curé d'Ars, propriété des missionnaires d'Ars, avec *fac-simile* ; la douzaine de 13/12... 1 75

Images en feuilles, la feuille.............. 15, 30, 50, et 70

Grand choix de Portraits et gravures photographiés. L'exemplaire... 1 »

SOUVENIRS MORTUAIRES

Images servant à rappe'er une personne défunte aux prières de ses amis, contenant, au verso, les noms, l'âge, la date de la mort et quelques sentences ; pas moins d'un cent ; le cent, 20 »

CŒURS OUVRANTS POUR *EX VOTO* —

Cuivre doré.	2 50	3 »	3 50	4 80	5 80	6 80	9 80	11 80
Argent.....	4 75	5 50	6 75	8 25	9 75	12 75	17 25	21 25
Vermeil....	5 25	6 25	8 25	10 25	11 25	15 25	19 25	23 25

Couronnes, diadèmes en cuivre doré, avec pierreries, depuis 3 fr. Envoyez le tour de la tête en centimètres.

Pour recevoir ces objets *franco à domicile*, il suffit d'en adresser le prix en mandat ou timbres-poste, à M. Pottelain-Masson, Maison Saint-Joseph, à Notre-Dame de Liesse (Aisne).

reté en cet endroit, une deuxième fois les chevaliers l'apportent à Marchais. Une deuxième fois la statue retourne dans l'enclos.

La volonté de Marie était trop manifeste. On construit à la hâte un oratoire provisoire, qu'on couvre de branches et de feuillée. Tour à tour, un des chevaliers veille sur la précieuse statue. Les ouvriers, mandés de toutes parts, arrivent bientôt. La princesse donne tous ses joyaux; Barthélemy et les chevaliers font de riches présents, et Notre-Dame de Liesse fait affluer les dons et les offrandes par des miracles multipliés.

Ces miracles se sont continués jusqu'à nos jours. Notre grande histoire de Notre-Dame de Liesse, en deux volumes in-8°, qu'on reçoit *franco* par la poste, en adressant 11 fr. par mandat ou timbres-poste à M. Duployé, rue N. D. de Nazareth N°. 12. Paris, en raconte avec détails et preuves plus de DEUX CENT CINQUANTE. Ces miracles furent la cause d'innombrables pèlerinages de peuples, de villes, de princes, de rois ; on en trouve également le récit dans notre grande histoire, comme aussi la description des riches et nombreux présents et *ex-voto* qui, à différentes époques, furent offerts à Notre-Dame de Liesse.

Ismérie vécut comme une sainte; c'est, du reste, le nom que lui donne la tradition et que lui a conservé la piété reconnaissante des peuples, qui jamais ne l'appellent autrement que sainte Ismérie. Son âme, nous l'espérons, est près de l'auguste Vierge, au ciel ;

son corps, nous le pensons, repose aux pieds de cette statue miraculeuse, présent inestimable dont elle a enrichi la France.

PRIÈRE

A NOTRE-DAME DE LIESSE

O Seigneur, notre Dieu, accordez à vos serviteurs les *joies* d'une parfaite et continuelle santé de corps et d'esprit ; et, par la glorieuse intercession de la bienheureuse Marie toujours Vierge, l'exemption de toute tristesse pendant cette vie, et après notre mort, la jouissance des *joies* éternelles. Nous vous demandons ces grâces par JÉSUS-CHRIST notr Seigneur, et votre fils, lequel vit et règne avec vous, e1 l'unité du Saint-Esprit, pendant les siècles des siècles. Ainsi-soit-il.

Notre-Dame de Liesse, source et cause de toute joie, priez pour nous.

40 jours d'indulgence accordés par Mgr l'Évêque de Soissons et Laon pour chaque récitation de la prière : *O Seigneur, notre Dieu...*

CANTIQUE

DE

NOTRE-DAME DE LIESSE

Peuples dévotieux,
Ecoutez dans ces lieux,
D'un cœur plein d'allégresse,
Je m'en vais réciter
Un miracle qu'a fait
Notre-Dame de Liesse.

Avant de vous parler
Des miracles qu'elle a faits,
Parlons de son histoire ;
Vous serez satisfaits,
Car c'est un beau sujet
Très digne de mémoire.

Trois chevaliers françois
Combattant pour la foi
Et pour la sainte Eglise,
Furent faits prisonniers
Et menés au quartier
Du Sultan sans remise.

Quand le Sultan les vit
Aussitôt il leur dit :
Chevaliers qu'on renomme,
Renoncez votre foi,
Je vous ferai, ma foi,
Trois grands de mon royaume.

Ces Chevalirs françois
Répondirent tous trois :
Plutôt perdre la vie
Que quitter notre foi
Pour suivre votre loi,
Qui n'est qu'idolâtrie.

Le Sultan en fureur,
Les fit mettre sur l'heure
Dans une prison forte,
Croyant les pervertir
Ou les faire mourir
D'une cruelle sorte.

Ce malheureux Sultan
Avait certainement
Une fille très-belle,
Il lui dit dans ce temps :
Il faut dans ce moment
Que tu me sois fidèle.

Ma fille, dit ce païen,
Ces Chevaliers chrétiens
Sont de grands gentilshommes ;
Tâche de les gagner,
Ma fille, sans énoncer
Ta royale personne.

La fille du Sultan
Prend les clefs promptement
Pour complaire à son père,
S'en va dans la prison
Pour gagner, tout de bon,
Ces trois chevaliers frères.

Ces nobles Chevaliers,
Captifs et prisonniers,
Voyant cette Sultane,
Sitôt lui ont montré
Toute la fausseté
De sa foi musulmane.

Lui disant en ce lieu :
Nous croyons au vrai Dieu
Et à la Sainte Vierge.
La Sultane, en deux mots,
Leur demande aussitôt
Quelle était cette Vierge.

Apportez-nous du bois,
Dit le plus vieux des trois,
Vous en verrez l'image.
La Sultane, de ce pas,
Sitôt leur en porta
Sans tarder davantage.

Ces nobles Chevaliers,
N'étant pas ouvriers,
Prièrent leur concierge ;
De nuit l'Ange de Dieu
Apporte dans ce lieu
L'image de la Vierge.

Ismérie, tout de bon,
Retournant en prison,
Ces Chevaliers très-sages
Sitôt lui ont montré
Et lui ont présenté
Cette très-sainte Image.

La Sultane, humblement,
Reçut dévotement
Cette très-sainte Image,
Et la porta après
Dedans son cabinet
Pour lui donner hommage.

Dans sa dévotion,
Elle eut révélation
De Dieu et de sa Mère
Qu'elle serait baptisée
Quand elle aurait sauvé
Les trois Chevaliers frères.

A ce commandement,
Ismérie, promptement,
Abandonne sa terre ;
Sauvant les chevaliers
Qui étaient prisonniers
Du grand Sultan son père.

Ayant pris quelque argent,
Ses joyeux mêmement,
Et la très-sainte Image
Portée entre ses bras ;
Et ne la quitta pas,
L'aimant d'un grand courage,

Ayant marché longtemps,
La Sultane, tristement,
Dit aux trois gentilshommes :
Je ne puis plus marcher,
Il faut me reposer
Et prendre quelque somme.

Les Chevaliers soudain,
S'écartant du chemin,
Entrent dans un bocage ;
La Sultane s'endort,
Ayant dedans ses bras
De la Vierge l'image

Étant tous endormis,
Chose vraie mes, amis,
Ils furent d'assurance
Miraculeusement
Transportés en dormant
Au royaume de France.

Étant tous éveillés,
Ils furent bien étonnés,
Avecque Ismérie ;
De ne se point trouver
Où ils s'étaient couchés,
Au pays de Turquie.

Voyant un jeune berger,
Jouant du flageolet,
L'un de ces gentilshommes
Lui a dit : Mon ami,
Quel pays est-ce ici ?
Et dis-moi où nous sommes.

Le petit bergerot
Répond en peu de mots :
Vous êtes en Picardie,
Tout proche de Marchais,
D'où Monsieur, pour le vrai,
Est esclave en Turquie.

Ces bons Seigneurs, alors,
Reconnurent d'abord
Que Dieu par sa puissance
Les avait délivrés
Et même transportés
Au royaume de France.

La mère de ces Seigneurs
Sachant le grand bonheur,
Vint de grande vitesse :
Ayant vu ses trois fils,
Embrassant Ismérie
De très-grande tendresse.

Ismérie, peu après,
Selon son saint souhait,
Reçut le saint baptême
Par l'évêque de Laon,
La confirmation
Elle reçut de même.

Cette fille d'honneur
Et ces trois bons seigneurs
Firent faire une église
Où il ont fait poser
Cette image sacrée :
Quelle belle entreprise !

C'est où est son pouvoir,
Et où elle fait voir
Souvent de beaux miracles
Aux pauvres affligés
Qui vont la visiter
Dans ce saint tabernacle.

Allons, peuples françois,
Allons dans cet endroit
Tous en pélerinage,
Puisque la mère de Dieu
Veut bien dans ce saint lieu
Recevoir nos hommages.

D'une grande ferveur,
Prions-la de bon cœur
D'avoir son assistance ;
Elle a toujours aimé
Et toujours protégé
Le royaume de France.

O mère du roi des rois !
Assistez notre roi
Contre les hérétiques
Qui s'attroupent aujourd'hui
Et sont tous contre lui
Pour la foi catholique.

La dévotion à Notre-Dame de Liesse, bien loin de s'amoindrir fait sans cesse de nouveaux prosélytes, et les plus solennels témoignages du clergé confirment, chaque jour, la réputation méritée de ce vénéré sanctuaire.

Qui ne se rappelle, qu'au mois d'octobre 1855, plusieurs prélats parmi lesquels les évêques de Beauvais, de Valence, de Soissons et l'Archevêque de Reims, visitaient de concert Notre-Dame de Liesse, au milieu d'une foule immense, buvaient de l'eau de la fontaine miraculeuse et montaient à son autel pour évangéliser le peuple et exalter le mérite de l'auguste Reine de miséricorde.

Deux années plus tard, le 18 août 1857, a été célébré le couronnement solennel de la statue de la Vierge et de l'enfant Jésus, au nom de Sa Sainteté Pie IX et du Chapitre du Vatican. Cette grande cérémonie eut lieu en présence de plus de quarante mille personnes, de huit cents prêtres et neuf Evêques ou Archevêques, et jamais les plaines du Laonnais, n'avaient vu une multitude plus empressée, plus confiante, plus enthousiaste, crier avec cette foi qui remue les montagnes : « Vive Notre-Dame de Liesse. »

Notons encore avant de finir ce livre, les belles processions au mois d'août 1873 de Paris, Versailles, Lille, Reims, Beauvais, Clermont et Crepy en Vallois, et depuis cette époque jusqu'à nos jours, tous les ans. dans la neuvaine de la fête de la Nativité de la sainte Vierge, en septembre, les belles processions diocésaines qui concourent toutes à la plus grande gloire de Notre-Dame de Liesse.

TABLE

—

—

Adressez-vous directement chez POTTELAIN-MASSON, Maison Saint-Joseph, à Notre-Dame de Liesse (Aisne).

Limoges. — Imp. Marc Barbou et Cⁱᵉ.

CHATEAU DE MARCHAIS